Lauftraining für Anfänger

Wie Sie mit gezieltem Lauftraining
Schritt für Schritt Ihre Ausdauer
und Geschwindigkeit erhöhen

*inkl. praktischer Trainingspläne und
Stretching-Guide*

Oliver Bley

INHALT

Das erwartet Sie in diesem Buch

Ob Sie blutiger Anfänger sind und sich schon seit längerer Zeit vorgenommen haben, mit dem Laufen zu beginnen, oder nach einer längeren Pause nun wieder einsteigen möchten – mit diesem Ratgeber möchte ich Ihnen mittels der nötigen Motivation und Information den Startschuss zu Ihrem Lauftraining geben. Wenn also auch Sie endlich mit dem Lauftraining beginnen möchten, ist dieses Buch genau das Richtige für Sie, denn der folgende Text soll Ihnen einen geeigneten Überblick über die Theorie und Praxis des Laufens verschaffen und Sie so in einen gelungenen Einstieg in das

Lauftraining begleiten.

Was bedeutet es, das Laufen zu trainieren? Welche Vorteile bringt das Lauftraining mit sich? Hilft regelmäßiges Lauftraining dabei, das Körpergewicht zu reduzieren? Welche Ausrüstung wird dafür benötigt? Wie sieht effektives Training aus? Und welche gesundheitlichen Aspekte sollten beim Training beachtet werden? Diese und viele weitere Fragen haben Sie sich möglicherweise schon selbst gestellt und Sie sollen Ihnen jetzt im Folgenden beantwortet werden.

Denn, ob Sie gern aktiver wären, dafür aber nicht die nötige Motivation aufbringen können, auf der Suche nach einem neuen sportlichen Abenteuer sind, Ihre Lebensqualität mit regelmäßigem Training verbessern möchten oder sich vielleicht bereits ein konkretes Laufziel gesetzt haben und sich bisher unsicher sind, wie Sie es erreichen können: Dieser Ratgeber wird Sie mit den wichtigsten Informationen zum Thema Lauftraining versorgen und Sie so auf den ersten Schritten Ihrer neuen Herausforderung begleiten. Auf diesem Wege kann mit dem nötigen Grundwissen, Interesse und etwas Motivation auch aus Ihnen ein echter Läufer werden.

Lauftraining – ein Überblick

Kaum eine Sportart scheint so unkompliziert und intuitiv zu sein wie das Laufen. Bevor Sie allerdings in Ihre Trainingsschuhe schlüpfen und loslegen, möchte ich Ihnen trotzdem einen Überblick über diese vielseitige Sportart verschaffen. So können Sie mit einer optimalen Mischung aus theoretischen Grundlagen und praktischen Trainingstipps schnellere und bessere Trainingsergebnisse erzielen.

LAUFEN DAMALS UND HEUTE

Einleiten möchte ich Ihre Wandlung zum Läufer mit einem kurzen historischen Einblick in die Geschichte des Laufens. Wir lernen es bereits als Kleinkinder und es dient uns täglich als Fortbewegungsmittel. Die für den Menschen natürliche und sehr intuitive Sportart, das Laufen, findet ihre Wurzeln schon in der Antike und wurde bereits vor über 2500 Jahren von den Menschen damals dokumentiert.

So war beispielsweise der erste Wettkampf der Olympischen Spiele schon 700 vor Christus ein Kurzstreckenlauf. Das sportliche Programm wurde dann in den darauffolgenden Jahrhunderten um weitere Disziplinen wie den Langstreckenlauf und den Doppellauf ergänzt. Ähnliche Langstreckenläufe wurden auch im Mittelalter in Form von Dauerläufen veranstaltet. Inzwischen wird das Laufen der Leichtathletik zugeordnet und ist in zahlreichen Varianten und Disziplinen in Wettkämpfen weltweit vertreten.

Ursprünglich waren diese Wettkämpfe nur professionellen Sportlern und sehr ambitionierten Freizeitläufern vorbehalten. Doch bereits seit den 1980er-Jahren zunächst in den USA, aber inzwischen auch vermehrt in Europa und Deutschland, werden zunehmend Straßenlaufwettbewerbe angeboten, deren Teilnehmer bunt durchmischt vom Goldmedaillisten bis hin zum Gelegenheitsjogger reichen. Auch als Anfänger können Sie also mit ein wenig Vorbereitung einen Wettkampf bestreiten und meistern.

VORTEILE DES LAUFENS

Dass das Laufen als sportliche Disziplin bereits über einen so langen Zeitraum praktiziert wird, hat natürlich seine Gründe. Sicher wissen Sie bereits, dass regelmäßiger Sport für den Körper und Geist jedes Menschen grundsätzlich wichtig, gesund und gut ist. Weshalb Sie aber gerade mit dem Lauftraining beginnen sollten, möchte ich Ihnen anhand einiger Vorteile des Laufens im folgenden Abschnitt aufzeigen.

Das Lauftraining ist zunächst unkompliziert und uneingeschränkt praktikabel. Sie benötigen nur wenig Equipment, sind zeitlich und örtlich flexibel und nicht an einen bestimmten Verein oder dessen organisierte Trainingszeiten gebunden. Laufen können Sie morgens vor oder abends nach der Arbeit, im Hochsommer oder bei Schnee, auf einer Geschäftsreise und sogar im Urlaub. Und das ganz unabhängig davon, ob Sie dabei in die Berge oder ans Meer fahren.

Ein weiterer Vorteil des Laufens ist der, dass Sie das Training nach Ihrer individuellen Vorliebe als Einzeldisziplin oder als Teamsport gestalten können. Ob Sie lieber als Einzelkämpfer Ihre Grenzen austesten möchten, sich doch zur gegenseitigen Motivation einen Laufpartner suchen oder einer Laufgruppe anschließen wollen, bleibt Ihnen frei überlassen. Fest steht aber: Ob Individualsportler oder Teamplayer: Das Laufen hat Ihnen in dieser Hinsicht in jedem Fall etwas zu bieten.

Und genau aus diesem Grund müssen Sie sich beim Lauftraining auch an keine fremdbestimmten Vorschriften oder Regeln halten. Sie entscheiden allein und frei verantwortlich, welche Strecken Sie laufen, in welchem Tempo Sie trainieren möchten und zu welcher Tages- oder Nachtzeit die nächste Einheit stattfinden soll. So bietet Ihnen das Laufen einen angenehmen und erholsamen Gegenpol zu einem oft streng durchstrukturierten Arbeitsalltag.

Laufen verbindet. Das Lauftraining eröffnet Ihnen nämlich außerdem die Möglichkeit, neue soziale Kontakte zu knüpfen. Und das nicht nur als geeignetes Gesprächsthema für einen netten Small Talk mit dem Nachbarn, auf einem Date oder in einem Vorstellungsgespräch. Durch eine neue Freizeitbeschäftigung können Sie nämlich viele interessante Menschen kennenlernen und ein gemeinsames Hobby bietet zusätzlich vielleicht sogar die Grundlage für eine neue Freundschaft.

Als Läufer werden Sie sich eine Vielzahl an Zielen setzen und diese Ziele dann nach und nach auch erreichen. Lauftraining eignet sich sehr gut dazu, den raschen eigenen Fortschritt mitzuverfolgen und zu dokumentieren. So können Sie sich in regelmäßigen Abständen darüber freuen, dass sich der eigene Fleiß und Ihre Mühen auszahlen. Auf diese kleinen und größeren Erfolgserlebnisse können Sie wirklich stolz sein!

Im Arbeitsalltag verbringen wir fast den ganzen Tag in einem Gebäude oder vielleicht sogar auf einem einzigen Schreibtischstuhl. Das Laufen verschafft Ihnen regelmäßige Bewegung an der frischen Luft und in der Natur. Dadurch sammeln Sie bei jedem Training neue Eindrücke oder können sich in der Stille und Friedlichkeit der Natur ganz auf sich selbst konzentrieren. Dabei können Sie intensiv über Probleme nachdenken und diese vielleicht aus einem anderen Blickwinkel betrachten oder einfach mal wieder abschalten und den Kopf ganz frei bekommen.

Durch die körperliche Bewegung und

Anstrengung während des Lauftrainings werden in Ihrem Körper biochemische Vorgänge in Gang gebracht, die Glückshormone freisetzen. Auch, wenn es Ihnen also zu Beginn des Trainings manchmal schwerfallen wird, sich zum Sport zu motivieren, am Ende wird es sich immer lohnen, denn Laufen macht glücklich.

Schließlich wird sich das Lauftraining stark auf Ihre Gesundheit auswirken. Sowohl Ihr physisches als auch Ihr psychisches Wohlergehen wird durch den regelmäßigen Sport positiv beeinflusst. Überflüssige Pfunde können Sie durch das Ausdauertraining gezielt bekämpfen und loswerden, Ihren Körper straffen und sich wieder ganz wohl in Ihrer Haut fühlen. Durch die Bewegung werden Sie aber nicht nur Kalorien verbrennen. Das Laufen trainiert auch Ihr Herz, stärkt Ihr Immunsystem und wird Sie zu einem selbstbewussteren und ausgeglicheneren Menschen machen.

DIE VERSCHIEDENEN ARTEN DES LAUFENS

Mit dem Fortschritt der Technik sind wir Menschen im Alltag nur noch selten darauf angewiesen, eine Strecke tatsächlich zu Fuß bewältigen zu müssen. Sicher nutzen auch Sie überwiegend öffentliche Verkehrsmittel, Ihren Pkw oder ein Fahrrad, um zur Arbeit oder zum Einkaufen zu gelangen.

Das moderne Laufen wird deshalb weniger als nötiges Fortbewegungsmittel und stattdessen zunehmend als Sportart betrachtet. Dabei differenziert die Sportwissenschaft zwischen mehreren unterschiedlichen Disziplinen.

Ein Kriterium stellt dabei die jeweils zu meisternde Distanz dar: Kurzstreckenläufe bis zu einer Distanz von 400 Metern werden als Sprints bezeichnet. Unter Mittelstreckenläufen versteht man den Bereich von 800 bis 1609 Metern, wohingegen bei Läufen ab 2000 Metern von einer Langstrecke die Rede ist. Der Marathon gilt dabei als längster Langstreckenlauf mit einer Distanz von 42,195 Kilometern. Läufe mit einer noch größeren Distanz werden schließlich als Ultramarathon bezeichnet.

Aber auch unabhängig von der Distanz, vor allem im Breitensport, findet eine Differenzierung zwischen einzelnen Lauftechniken statt: Unter

Jogging versteht man etwa ein lockeres Traben mit kurzen Schritten. Das Walking wiederum ist ein zügiges Gehen, welches beim Nordic Walking durch den Einsatz von zwei Skilanglaufstöcken ergänzt wird.

LAUFTECHNIKEN

Sie wissen nun, dass das Laufen zwar eine der intuitivsten Sportarten für den Menschen ist, trotzdem birgt es aber aufgrund der höheren Belastung des Bewegungsapparates auch Verschleiß- und Verletzungsgefahren. Die im Kindheitsalter erlernte Grundtechnik ist dabei außerdem in sportlicher Hinsicht selten optimal. Im Laufe der Zeit haben sich deshalb verschiedene Lauftechniken entwickelt.

Gerade als Anfänger fragen Sie sich nun möglicherweise, ob es überhaupt nötig ist, sich bereits zum Trainingsbeginn eine spezielle Laufart anzugewöhnen. Ein korrekt ausgeführter und gesunder Laufstil mindert jedoch das Verletzungsrisiko erheblich und das unabhängig davon, wie zeitintensiv das Training ist.

Durch die angewandte Lauftechnik wird zudem die Effizienz der Bewegungsabläufe gesteigert und Sie sparen beim Laufen so Energie oder können mit dem gleichen Kraftaufwand schneller laufen. Weiterhin wird es schwieriger und zeitaufwendiger, später noch den eigenen Laufstil zu ändern. Je länger ein Bewegungsmuster bereits trainiert wurde, umso schwerer würde Ihnen die Umgewöhnung auf einen neuen Bewegungsablauf fallen. Es ist deshalb in Ihrem eigenen Interesse, bereits ab der ersten Trainingseinheit auf einen korrekt ausgeführten Laufstil zu achten. Die unterschiedlichen Lauftechniken möchte ich Ihnen daher vorstellen.

Sporttheoretisch wird zwischen drei verschiedenen Lauftechniken unterschieden: der Rückfußlauf, der Vorfußlauf und der Mittelfußlauf.

Beim **Rückfußlauf** wird der Fuß während der Aufsatzphase mit der Ferse zuerst auf dem Boden abgesetzt. Es wird anschließend die komplette Fußsohle auf den Untergrund gebracht und schließlich über den Ballen abgerollt.

Im Rahmen des **Vorfußlaufs** wird in der Aufsatzphase der Fuß zunächst auf der Außenkante des Fußballens aufgesetzt und rollt dann durch die natürliche Form des Fußes nach innen auf den Großzehenballen und kann über die Fußsohle weiter abgerollt werden. Dabei muss aber nicht die gesamte Fußsohle bis zur Ferse den Boden berühren.

Der bei den zumeist von Mittelstreckenläufern

angewandte **Mittelfußlauf** ist eine Kombination aus Vor- und Rückfußlauf. So sollen die jeweiligen Vorteile der Lauftechniken miteinander kombiniert werden. Beim Mittelfußlauf setzt die komplette Fußsohle auf dem Boden auf und wird dann über den Ballen oder die gesamte Fußaußenkante abgerollt.

Statistisch betrachtet ist insgesamt – vor allem aber bei Hobbyläufern und Anfängern – der Rückfußlauf die mit Abstand am weitesten verbreitete Lauftechnik und wird von rund 75 % aller Läufer praktiziert. Dieser Umstand ist darauf zurückzuführen, dass er vom Läufer während der Bewegung als weniger anstrengend wahrgenommen wird. Deshalb sind auch die Mehrheit der Laufschuhe auf diese Lauftechnik ausgerichtet. Tatsächlich wird die Erschütterung durch den Aufprall auf die knöcherne Ferse aber auf das gesamte Knochengerüst übertragen, was zu einer stärkeren Stoßbelastung der Gelenke führt.

Beim Vorfußlauf hingegen werden Fußgewölbe, Sehnen und Wadenmuskulatur aktiviert, was nicht nur die Stoßeinwirkung auf die Gelenke und Knochen erheblich reduziert. Dadurch kann auch die beim Aufprall aufgenommene Energie besser wieder abgegeben werden. Die zusätzliche Hebelbewegung des Fußes beim Aufsetzen auf den Boden verschafft dem Läufer außerdem mehr Reaktionszeit auf Unebenheiten oder Stolpergefahren am Boden und mindert so die Verletzungsgefahr durch Umknicken oder Stolpern.

Verglichen mit dem Rück- und Vorfußlauf ist die korrekte Ausführung des Mittelfußlaufes eine größere Herausforderung. Ein sauberes Aufsetzen mit der gesamten Fußsohle ist ungewohnt schwierig. Der Mittelfußlauf eignet sich deshalb für erfahrene und fortgeschrittene Läufer und ist Ihnen als Anfänger nicht zu empfehlen.

Unter Abwägung aller Vor- und Nachteile ist der Vorfußlauf deshalb auch für Sie als Trainingsanfänger die optimale Lauftechnik. Selbst wenn das Laufen auf den Ballen zunächst ungewöhnlich sein mag, werden sich die Mühen dieser Umstellung sowohl gesundheitlich als auch in sportlicher Hinsicht für Sie lohnen.

IHR STOFFWECHSEL BEIM LAUFEN

Durch das Training wird Ihr Körper zunächst neuen und ungewohnten Bewegungsabläufen der beanspruchten Muskeln, Sehnen und Knochen ausgesetzt. Allerdings muss sich auch der Stoffwechsel dem erhöhten Energiebedarf des Körpers anpassen. Der nächste Abschnitt soll Ihnen deshalb einen Überblick über Ihren Stoffwechsel während des Trainings verschaffen. Möglich ist dabei sowohl ein aerobes als auch ein anaerobes Training.

Sicher wissen Sie bereits, dass sich bei jeder Trainingseinheit Ihre Muskeln kontrahieren und dadurch beansprucht werden. Diese Muskeln benötigen dafür Energiereserven Ihres Körpers, also Kohlenhydrate oder Fette. Die erforderliche Energie kann dabei auf zwei verschiedene Arten von Ihrem Körper bezogen werden. Diese beiden Arten des Stoffwechsels werden als aerob und anaerob bezeichnet. Das Wort aerob bedeutet „mit Sauerstoff", das Wort anaerob beschreibt dabei das Gegenteil, also „ohne Sauerstoff".

Der **aerobe Stoffwechsel** findet folglich immer dann in Ihrem Körper statt, wenn beim Verbrennen von Kohlenhydraten und Fetten Sauerstoff verbraucht wird und so Energie für die beanspruchten Muskeln gewonnen wird. Die dabei gewonnene Energie genügt für niedrigere Trainingsbelastungen in Form von Bewegungen mit geringerem Kraftaufwand und hoher Wiederholungsfrequenz.

Bei intensiveren Trainingseinheiten mit hoher Belastungsintensität genügt der aerobe Stoffwechsel nicht mehr, um dem entsprechend benötigten Energiebedarf gerecht zu werden. Erst jetzt wird der **anaerobe Stoffwechsel** in Ihrem Körper aktiviert, um so den höheren Energiebedarf decken zu können. Der Körper wandelt nun ohne Sauerstoff mittels Milchsäuregärung Kohlenhydrate in Energie um. Die anaerobe Energieausbeute ist dabei weitaus geringer und kann von Ihrem Körper nur deutlich kürzer aufrechterhalten werden. Das entstehende Laktat kann außerdem bei länger andauernden Belastungen zu einer Übersäuerung der Muskeln und einem damit einhergehenden deutlichen Leistungsabfall führen.

Beim Laufsport wird Ihr Körper sich also abhängig von Ihrer Geschwindigkeit und der zurückgelegten Distanz beider Arten des Stoffwechsels bedienen. Sprints finden im anaeroben Bereich statt, wohingegen für Mittel- und Langstreckenläufe die aerobe Energiegewinnung ausreicht.

Mit entsprechendem Training kann also bewusst gesteuert werden, auf welche Art des Stoffwechsels zurückgegriffen werden muss. Was für Sie empfehlenswert ist, hängt primär ganz von Ihrem persönlichen Trainingsziel ab.

Zur Steigerung der Ausdauer, zur Fettverbrennung oder um Gewicht zu verlieren, sollten Sie ein aerobes Training im unteren Pulsbereich und mit längeren Trainingszeiten anstreben.

Haben Sie es sich zum Ziel gemacht, Ihre persönliche Leistung zu steigern oder zum Zwecke des Muskelaufbaus zu trainieren, empfiehlt es sich in jedem Fall, auch Einheiten im anaeroben Bereich in Ihrem Training zu integrieren.

Die richtige Ausrüstung – Was Sie brauchen

Wie bei jeder Sportart gibt es auch beim Laufen spezielles Equipment, mit dem Sie ausgestattet sein sollten, bevor Sie mit dem Training beginnen. Im nächsten Kapitel möchte ich Ihnen erläutern, woraus die wichtigsten Ausrüstungsbestandteile eines Läufers bestehen. Um Verletzungen vorzubeugen und das Lauftraining möglichst schonend für Ihre Gelenke und Knochen zu gestalten, sollten Sie sich deshalb die folgenden Hinweise besonders zu Herzen nehmen.

LAUFSCHUHE

Auf Laufschuhe kann beim Lauftraining nur schlecht verzichtet werden, das haben Sie sich sicher bereits gedacht. Die richtigen Laufschuhe sind deshalb auch der wichtigste Teil Ihrer Ausrüstung.

Denn, wenn Sie nicht die richtigen Schuhe tragen, werden Sie das bei jedem Schritt zu spüren bekommen. Ungeeignetes Schuhwerk kann Ihnen schnell den Spaß am Lauftraining verderben und zu Blasen an den Füßen oder Schmerzen durch Fehlbelastungen führen. Laufschuhe sollten daher stets mit Bedacht und Sorgfalt ausgewählt werden.

Mit der Zunahme des Breitensports ist auch die Vielzahl an Laufschuhen in den letzten Jahren stetig angewachsen. Das hat den Vorteil, dass so inzwischen die speziellen Bedürfnisse jedes einzelnen Läufers bei der Auswahl der Schuhe berücksichtigt werden können. Es kann allerdings eine Herausforderung sein, sich einen Überblick über die Vielfalt an Angeboten zu verschaffen und so den für Sie passenden Schuh zu finden.

Um dieser ersten Herausforderung vorbereitet gegenüber treten zu können, sollten Sie zunächst die verschiedenen Laufschuhtypen und deren Funktion kennen. Dabei werden die beiden Begriffe **Dämpfung** und **Sprengung** eine große Rolle spielen, die ich Ihnen zunächst erklären möchte:

Dämpfung

Jeder Schritt, den Sie machen, hat die Folge, dass Ihr Fuß zwangsläufig auf den Boden auftrifft. Beim Lauftraining werden Sie sich dabei mit deutlich mehr Kraft und auch schwungvoller bewegen. Durch den zusätzlichen Schwung wird die Erschütterung verstärkt, die beim Aufprall auf den Boden durch Muskeln und Knochen den gesamten Körper bis in den Kopf erfasst. Wird Ihr Kopf und dadurch auch Ihr Gehirn in starken Schwung versetzt, kann dies zu Beeinträchtigungen der Sicht oder des Gehörs führen.

Um eine unbeeinträchtigte Sinneswahrnehmung zu gewährleisten, versucht Ihr Körper dabei deshalb, die am Ursprung (also Ihrem Fuß) entstandene Vibration am Ausgang (also dem Kopf) so gering zu halten wie möglich. Dies gelingt ihm durch unterbewusste Haltungskorrekturen oder das gezielte An- und Entspannen bestimmter Muskelgruppen. Bei diesem Vorgang kann die richtige **Dämpfung** des Schuhs die Belastung des Körpers minimieren.

Das spezielle Material der Schuhsohle sorgt nämlich dafür, dass die durch den Aufprall erzeugte Kraft verringert wird. Der Zweck der Dämpfung besteht also darin, den Fuß abzufedern, ihn so graduell wie möglich auf den Untergrund zu begleiten und damit den Körper zu entlasten. Die damit gesparte Energie kann stattdessen dann in Länge und Intensität des Trainings investiert werden.

Sprengung

Sicher ist Ihnen schon aufgefallen, dass die Sohlen eines Sportschuhs an den Fersen oft etwas dicker sind als an der Fußspitze. Diese Höhendifferenz wird als **Sprengung** des Schuhs bezeichnet. Sie soll so vor allem Rückfußläufern im hinteren Bereich des Fußes eine zusätzliche Dämpfung verschaffen. Eine größere Sprengung bedeutet also, dass der Winkel zwischen Ferse und Vorfuß steiler ist. Wichtig bei Ihrer Auswahl des Sportschuhs ist, dass die Sprengung der Laufschuhe auf Ihre natürliche Schrittfolge angepasst ist.

Denn bei einer Sprengung, die nicht zu Ihrer eigenen Gangart passt, muss die ungeeignete Höhendifferenz der Sohle durch eine andere Schrittart von Ihrem Körper ausgeglichen werden. Eine damit einhergehende ungewohnte Belastung Ihrer Muskeln führt zu einem erhöhten Verletzungsrisiko und sollte deshalb unbedingt vermieden werden.

Mit diesem Hintergrundwissen können Sie sich nun im Folgenden einen Überblick über die verschiedenen Arten von Laufschuhen verschaffen:

Die größte Laufschuhkategorie besteht aus den **neutralen Schuhen**. Diese zeichnen sich üblicherweise durch eine komfortable Dämpfung und eine mittlere bis starke Sprengung von acht bis elf Millimeter aus. Sie eignen sich besonders für Rückfußläufer und durch Schaft und Sohle wird dem Fuß beim Laufen ein wenig Führung gegeben. Als Vorfußläufer sollten Sie darauf achten, dass die Sprengung des Schuhs nicht zu hoch ist. Das Obermaterial und die Sohlen wurden für den Einsatz auf Asphalt und geteerten Wegen konzipiert und die Schuhe sind dadurch recht langlebig. Sie sind unabhängig von Distanz und Geschwindigkeit für den Einsatz als Trainingsschuh optimal geeignet.

Neben neutralen Laufschuhen gibt es Schuhe, die mit einem stabileren Schaft versehen sind und so dem Fuß etwas mehr Halt und Führung verschaffen. In der Regel verfügen diese **Stabilitätsschuhe** zudem über eine stark ausgeprägte Dämpfung und verhindern durch gezielt platzierte Stützen ein Abknicken des Sprunggelenks während des Abrollens. Diese Art des Laufschuhs könnte also besonders geeignet für Sie sein, wenn Sie beim Abrollen nach innen knicken.

Für Läufer, die vor allem im Gelände trainieren möchten, sind **Trailrunning-Schuhe** am besten geeignet. Sie zeichnen sich durch eine spezielle, meistens mit Stollen besetzte Sohle aus, um so dem Läufer auch auf schlammigem oder unebenem Untergrund maximale Sicherheit zu garantieren. Da sich diese Spezialsohle auf asphaltierten Wegen allerdings sehr schnell abnutzt, eignen sich Trailrunning-Schuhe grundsätzlich nicht für Trainingseinheiten auf der Straße.

Bei **Wettkampfschuhen** liegt der Fokus darauf, das Gewicht des Schuhs auf ein Minimum zu reduzieren und so die Leistung des Läufers auf ein Maximum zu optimieren. Auf Dämpfung, Führung oder Unterstützung des Fußes wird dabei größtenteils verzichtet, dafür steht die Belüftung des Fußes eher im Vordergrund. Auch Sie als Laufanfänger können im Wettkampf von leichteren Schuhen profitieren, sollten diese aber vorher unbedingt im Training ausprobiert haben. Essenziell sind Wettkampfschuhe für ein erfolgreiches Lauftraining aber zunächst nicht.

In der Sportwissenschaft wird teilweise der positive Effekt von Dämpfung und Sprengung auf die Fußbewegung des Läufers angezweifelt. Eine Studie aus dem Jahr 2009 vermutete sogar, dass starke Dämpfungen an Laufschuhen die Drehkräfte auf die Bein- und Fußgelenke nicht unerheblich erhöhen und spricht sich deshalb für eine Annäherung an das Barfußlaufen aus. Die Antwort darauf sind sogenannte **Natural-Running-Schuhe**. Diese fördern den natürlichen Laufstil des Läufers, indem sie fast gänzlich auf Dämpfung oder Stützen verzichten und lediglich vor spitzen Steinen oder scharfkantigen Untergründen schützen. Dies ermöglicht zwar einen größeren Trainingseffekt und das gezielte Arbeiten an Kraft und Motorik, allerdings werden bei dieser Art von Laufschuhen Fuß und Wade deutlich intensiver beansprucht. Für Laufanfänger ist deshalb trotzdem ein Laufschuh mit Dämpfung empfehlenswert.

Wenn Sie Ihren optimalen Laufschuh noch nicht gefunden haben, sollten Sie also zunächst einmal zu überprüfen, welche Laufart Sie persönlich bevorzugen und sich anschließend überlegen, auf welchem Untergrund Sie sich während Ihres Trainings bewegen möchten. Auch eine Gelenk- oder Fußfehlstellung muss Sie nicht daran hindern, Ihre perfekten Laufschuhe zu finden. Sprechen Sie mit Ihrem Arzt über zusätzliche orthopädische Einlagen, eine Vielzahl an Schuhmodellen sind damit gut kombinierbar. Auch von einigen Sportgeschäften angebotene Laufbandanalysen oder persönliche Beratungsgespräche könnten Ihnen die Entscheidung zusätzlich erleichtern.

Ihre oberste Priorität beim Schuhkauf sollte aber immer sein, dass Sie mit Ihrer Wahl zufrieden sind und sich in Ihren Schuhen wohlfühlen.

SPORTBEKLEIDUNG

Bei einem kurzen Lauf in moderatem Tempo spielt die Bekleidung selbstverständlich keine große Rolle. Im Rahmen eines ausgiebigen und intensiven Trainings erleichtert Ihnen allerdings auch geeignete Sportbekleidung das Laufen und verhilft Ihnen zu optimalen Ergebnissen. Laufbekleidung sollte vor allem funktionell sein.

Das heißt, sie sollte leicht und luftig sein und insbesondere die durch den Schweiß entstehende Feuchtigkeit gut nach außen transportieren können. Atmungsaktive Sportwäsche besteht aus Funktionsfasern, die die Feuchtigkeit schnell verdunsten lassen und auch dann über einen längeren Zeitraum getragen werden kann, wenn Sie bei einer Trainingseinheit ordentlich ins Schwitzen kommen.

Die optimale Kombination hängt aber natürlich in erster Linie von den Temperaturverhältnissen ab, weshalb Sie sich bei der Wahl Ihres Trainingsoutfits stets am Wetter orientieren sollten.

Um sich nicht zu erkälten, sollten Sie es vermeiden, beim Training zu frieren. Üblicherweise tendieren Läufer aber eher dazu, sich etwas zu warm einzupacken. Als Faustregel gilt deshalb: Richtig angezogen ist, wer während der ersten Schritte etwas fröstelt. Vor dem Trainingsbeginn sollten Sie Ihre Laufbekleidung also eher als ein wenig zu leicht empfinden. Bei winterlichen Temperaturen ist es weiterhin sinnvoll, mehrere dünne Schichten zu kombinieren, die den auf der Haut entstehenden Schweiß an jeweils an die darüberliegende Schicht weiterleiten können. Sie sollten deshalb, wenn es kalt wird, nicht ein dickes, sondern besser mehrere dünne Kleidungsstücke tragen, um bei Bedarf auch eines ausziehen zu können. Auch bei der Bekleidung gilt aber natürlich als wichtigstes Gebot, dass Sie sich mit Ihrer Wahl wohlfühlen müssen.

PULSMESSER (OPTIONAL)

Grundsätzlich ist eine Pulsuhr für ein effektives Training nicht zwingend notwendig. Gerade als Anfänger fragen Sie sich deshalb möglicherweise, ob es sich für Sie überhaupt lohnt, sich ein entsprechendes

Gerät anzuschaffen. Im folgenden Abschnitt möchte ich Ihnen deshalb zunächst einmal den sinnvollen Einsatz einer Pulsuhr beim Training erläutern.

Eine Pulsuhr misst während des gesamten Trainings die Herzfrequenz, also die Anzahl der Herzschläge pro Minute. Ihr Herzschlag wird höher, umso anstrengender eine Trainingseinheit für Ihren Körper ist. Unter Berücksichtigung der Herzfrequenz kann also die Belastung des Körpers genau kontrolliert und falls nötig gesenkt werden.

Damit die Intensität des Trainings auf Ihren Herzschlag abgestimmt werden kann, müssen Sie dafür aber zunächst Ihren sogenannte Ruhe- und Maximalpuls ermitteln. Diese Werte unterscheiden sich von Person zu Person und sind abhängig von mehreren Faktoren, wie beispielsweise dem Alter oder der Fitness, und können selbst ermittelt werden. Mit dem Ruhepuls als Obergrenze und dem Maximalpuls als Untergrenze kann dann gezielt innerhalb der ermittelten Pulsgrenzen trainiert werden. Dadurch können Trainingseinheiten auf die jeweilige tägliche Verfassung abgestimmt und mit regelmäßiger Überprüfung der Herzfrequenz die Belastung des Herzens abgemildert werden. Außerdem können Sie mithilfe einer Pulsuhr Ihr Lauftempo verbessern.

Zu Beginn des Lauftrainings sollten Sie sich selbstverständlich zunächst einmal an das Laufen und die damit einhergehende Belastung für Ihren Körper gewöhnen, Ihre persönlichen Grenzen etwas austesten und beobachten, wann Sie erschöpft sind und eine Pause brauchen. Nach den ersten Trainingseinheiten könnte Ihr Interesse an einer möglichst gezielten Planung jedoch geweckt sein. Sie fragen sich dann vielleicht, wie Sie die besten Trainingserfolge erzielen, schneller werden und dabei trotzdem auf Ihre Gesundheit achten können. Dann ist das Trainieren mit Pulsuhr genau das Richtige für Sie.

Die effektivste Möglichkeit zur Bestimmung des eigenen Ruhe- und Maximalpulses besteht darin, einen sportmedizinischen Leistungstest bei qualifiziertem Fachpersonal durchführen zu lassen. Exakte Ergebnisse sind damit garantiert. Alternativ können die Pulsgrenzwerte aber auch selbst ermittelt werden.

Ermitteln des Ruhepulses

Verhältnismäßig einfach ist dabei zunächst die Bestimmung des Ruhepulses. Dieser sollte komplett ohne körperliche Anstrengung, bestenfalls noch vor dem Aufstehen direkt nach dem Aufwachen gemessen werden. Dafür bleiben Sie einfach entspannt liegen und messen etwa 15 Sekunden lang Ihren Puls. Dieser Wert wird dann mit vier multipliziert und das Ergebnis ist dann Ihr persönlicher Ruhepuls. Bei gesunden Menschen ist dabei ein Wert von 60 bis 100 Schlägen pro Minute üblich.

Ermitteln des Maximalpulses

Etwas schweißtreibender ist die Ermittlung des Maximalpulses. In Trainingsplänen oder Fachliteratur wird dieser Wert oft mit HFmax abgekürzt. Sicher haben Sie bereits vermutet, dass es sich bei der maximalen Herzfrequenz um die Anzahl der Herzschläge pro Minute handelt, die bei der stärksten möglichen körperlichen Belastung erreicht werden. Für ein möglichst präzises Ergebnis bei der Bestimmung des Maximalpulses ist es deshalb erforderlich, dieses Stadium der extremen körperlichen Anstrengung selbst herbeizuführen. Davon ist selbstverständlich abzuraten, wenn Sie nicht bei völliger Gesundheit sind. Eine Möglichkeit dafür bietet beispielsweise ein Testlauf mit höchstmöglicher Intensität. Direkt im Anschluss muss dann der Puls gemessen werden, um eine zuverlässige Angabe der maximalen Herzfrequenz zu erhalten.

Ermitteln der richtigen Trainingsfrequenz

Nachdem Sie sowohl Ihren Maximalpuls als auch Ihren Ruhepuls ermittelt haben, fehlt Ihnen nun noch Ihre optimale Trainingsfrequenz, um Ihr Training sinnvoll an Ihre Herzfrequenz anzupassen. Für die Bestimmung dieses Wertes gibt es folgende Faustregel: Die optimale Trainingsfrequenz liegt bei 60 bis 85 Prozent des Maximalpulses. Als Anfänger sollten Sie sich dabei selbstverständlich am unteren Wert orientieren und sich langsam steigern. Mit der Berechnung der Herzfrequenz ist dies gezielt und gesundheitlich unbedenklich möglich.

Lauftraining richtig beginnen

D a Sie sich nun bereits einige Hintergrundinformationen zum Thema Laufen angeeignet haben, möchte ich im nächsten Kapitel genauer darauf eingehen, was Sie speziell vor und während des Lauftrainings beachten sollten.

MOTIVATION

Die möglicherweise elementarste Grundvoraussetzungen für ein erfolgreiches Lauftraining ist die Motivation. Gerade zu Beginn des Trainings haben Sie vielleicht besonders Mühe, sich zu motivieren.

Womöglich haben Sie sich bereits seit einiger Zeit vorgenommen, mit dem Trainieren zu beginnen, und schieben es nun schon eine ganze Weile vor sich her. Auch nach mehreren Monaten und sogar Jahren disziplinierten Trainings kann es immer wieder Phasen geben, in denen es Ihnen schwerfallen wird, sich aufzuraffen. Ich möchte Ihnen deshalb einige Übungen an die Hand geben, anhand derer Sie Zweifeln und Ausflüchten begegnen und diese gezielt überwinden können.

Überlegen Sie sich dafür zunächst einen konkreten Zeitpunkt in naher Zukunft, zu dem Sie mit dem Training beginnen möchten. Üblicherweise starten Wochentrainingspläne montags, optimal wäre also der nächste oder auch übernächste Montag. Überlegen Sie sich nun sämtliche Gründe und Ängste, die Sie bisher davon abgehalten haben, mit dem Laufen zu beginnen. Fehlende Zeit, Müdigkeit oder die Angst davor, bereits nach wenigen Minuten schlapp zu machen.

Jeden einzelnen Gedanken schreiben Sie nun auf ein Blatt Papier und überlegen sich dazu eine positive Erwiderung: Sie finden Zeit, denn zunächst reichen 30 Minuten. Sie werden sich wach fühlen, wenn Sie einige Minuten an der frischen Luft verbracht haben. Bei jedem Training wird sich Ihre Ausdauer verbessern. Diese Erwiderung notieren Sie sich dann direkt daneben. Das negative Gegenstück streichen Sie anschließend durch. Dieses Blatt Papier lesen Sie sich schließlich am Tag Ihres ersten Trainings noch einmal durch und starten dann mit einem positiven Mindset.

Mit Ihrem ersten Lauf werden Sie sicher keine Meisterschaft gewinnen, das ist aber auch gar nicht nötig, denn Ihr Trainingsbeginn ist lediglich der erste Schritt einer langen Entwicklung. Es ist deshalb auch sehr wichtig, dass Sie sich konkrete Ziele setzen und diese formulieren. Sie sollten dabei klein beginnen und sich langsam steigern.

Außerdem sollte Ihr Ziel greifbar und messbar sein. Statt „irgendwann einmal lange am Stück laufen zu können" sollten Sie sich beispielsweise vornehmen, „im Juli 30 Minuten Dauerlauf am Stück zu schaffen". Versuchen Sie zudem, dieses Ziel zu visualisieren. Einen Gedanken tatsächlich vor sich sehen zu können, hilft dabei, ihn komplett zu verinnerlichen. Ein Vision-Board mit motivierenden Illustrationen, Zitaten oder Fotos könnte Sie bei diesem Prozess ebenfalls unterstützen. Schließlich könnten Sie sich Ihre Ziele notieren und eine Art Erfolgstagebuch dazu anlegen. Jedes Mal, wenn Sie eines Ihrer Ziele erreicht haben, sollten Sie dies jedenfalls ganz bewusst wahrnehmen und stolz auf sich sein.

Sie sollten sich weiterhin feste Termine oder zumindest „Lauftage" zum Trainieren setzen. Auch ein Laufpartner kann dabei hilfreich sein. Mit gemeinsam vereinbarten Trainingseinheiten schaffen Sie sich verbindliche Termine und können sich dabei auch gegenseitig bestärken und motivieren.

Ein Hörbuch oder Ihre Lieblingsplaylist kann Sie ebenfalls motivieren. So verbinden Sie das Training neben der Bewegung und der frischen Luft stets mit einem weiteren positiven Erlebnis.

Auch ein Blick in soziale Netzwerke kann Ihrer Motivation auf die Sprünge helfen. Vielleicht finden Sie eine geeignete Laufchallenge, an der Sie sich gern beteiligen und mit anderen Usern über jeweilige Erfolge austauschen möchten.

Sicher führen auch Sie am liebsten Ihre neuesten Kleidungsstücke aus. Auch eine Shoppingtour kann also der Motivation zuträglich sein, wenn Sie danach direkt begeistert Ihre neue Sportwäsche testen möchten.

Schließlich sollten Sie aber auch ehrlich zu sich selbst sein. Das Problem, sich hin und wieder zum Sport überwinden zu müssen, kennt jeder noch so erfahrene Sportler. Wenn es Ihnen aber regelmäßig bereits Tage oder Stunden vor der nächsten

Trainingseinheit davor graut, ist das Laufen möglicherweise einfach nicht die richtige Sportart für Sie. Das Ausüben eines Hobbys sollte immer mit Spaß verbunden sein und keine Quälerei für Sie darstellen. Trauen Sie sich in diesem Fall, einfach etwas Neues auszuprobieren.

PHYSISCHE VERFASSUNG

Bevor Sie mit dem Training beginnen, ist es zunächst wichtig und absolut erforderlich, dass Sie sich in einer zum Trainieren geeigneten körperlichen Verfassung befinden. Wenn Sie bereits über mehrere Monate nicht mehr körperlich aktiv waren oder älter als 40 Jahre alt sind, sollten Sie sich das eventuell zunächst von einem Arzt bestätigen lassen.

Grundsätzlich bedeutet dies aber allem voran, dass Sie **gesund** sein müssen. Bereits leichte Erkältungserscheinungen könnten sich sonst verschleppen und zu schwerwiegenden Problemen führen. Wenn Sie sich also krank oder angeschlagen fühlen, sollten Sie sich vor dem nächsten Training erst vollständig auskurieren.

Weiterhin sollten Sie **ausgeruht** sein. Das Training wird Sie und Ihren Körper vor allem zu Beginn erschöpfen, sodass Sie dieser Belastung mit ausreichend Schlaf und geeigneten Trainingspausen entgegenwirken sollten.

Schlaf

Wie viel Schlaf Sie pro Nacht benötigen, ist von verschiedenen Faktoren abhängig. Beispielsweise Ihr Alter oder die körperliche Belastung, der Sie täglich ausgesetzt sind, spielen dabei eine Rolle. Pauschal kann aber trotzdem davon ausgegangen werden, dass ein erwachsener Mensch etwa sieben bis acht Stunden Schlaf pro Nacht benötigt, um ausgeruht zu sein.

Erholungspausen

Damit Sie beim Training Fortschritte machen, ist es außerdem sehr wichtig, dass Ihr Körper und vor allem Ihre Muskeln eine angemessene Erholungspause zwischen den einzelnen Trainingseinheiten bekommen. Denn nur so werden Ihre Mühen mit dem Erfolg eines Muskelwachstums belohnt werden. Aus diesem Grund ist es sinnvoll, nicht nur die Trainings-, sondern auch die Ruhetage zu planen und einzuhalten. Pausen sollten bei Ihrem Trainingsplan eine ebenso wichtige Rolle spielen wie das Trainieren. Wann und wie oft eine Pause erforderlich ist, unterscheidet sich von Menschen zu Menschen. Um herauszufinden, welcher

Pausenrhythmus für Sie sinnvoll und nötig ist, sollten Sie genau auf Ihren Körper hören. Folgende Anzeichen könnten Ihnen dabei signalisieren, dass Sie einen Ruhetag benötigen:

Erschöpfung kann ein Zeichen dafür sein, dass Sie sich ausruhen sollten. Vor allem dann, wenn Sie sich nach etwa acht Stunden erholsamem Schlaf noch immer müde und ausgelaugt fühlen, sollten Sie einen Ruhetag einlegen.

Auch **Muskelkater** kann Ihnen aufzeigen, dass Ihre Muskeln eine Pause benötigen. Muskelkater tritt regelmäßig am auf die Trainingseinheit folgenden Tag auf, die Schmerzen können allerdings auch zwei bis drei Tage später noch anhalten. Ist dies der Fall, sollten Sie es langsamer angehen, denn Training trotz starkem Muskelkater macht es schwierig, die Bewegungen korrekt auszuführen und Knochen und Gelenke nicht überzubelasten.

Fühlen Sie sich bei Ihrer Trainingseinheit **schwach** und **weniger leistungsfähig**, kann dies ebenfalls ein Anzeichen dafür sein, dass Ihre Muskeln eine Pause brauchen.

In jedem Fall sollten Sie sich mindestens **einmal pro Woche** einen Tag Erholung gönnen. Haben Sie also bereits fünf oder sechs Tage hintereinander zum Trainieren genutzt, ist spätestens jetzt der

Zeitpunkt für eine Pause erreicht.

Schließlich kann auch **schlechte Laune** ein Indikator dafür sein, dass Sie sich erholen sollten. Denn wenn Ihr Körper nicht genügend Energie hat, kann sich das auch durch dadurch bemerkbar machen, dass Sie schlecht gelaunt sind.

Grundsätzlich gilt: Je härter und intensiver Sie trainieren, umso mehr Pausentage benötigen Sie. Beim Lauftraining sollten Sie aber trotzdem nicht länger als 72 Stunden am Stück pausieren, um Ihren Trainingserfolg nicht wieder zu verlieren.

Allerdings müssen und sollten Sie sich auch an Ihrem Ruhetag nicht untätig auf die Couch lümmeln. Gerade bei Muskelkater oder Verspannungen verschlimmern sich die Schmerzen oft sogar durch langes Sitzen und Nichtstun. Etwas Bewegung und leichte Belastungen an der frischen Luft dagegen können die Beschwerden lindern. Auch eine aktive Erholung ist also möglich. Geeignete Beispiele dafür sind etwa kürzere Spaziergänge, eine Fahrradtour in langsamem Tempo oder eine kleine Wanderung.

Weiterhin sollten Sie vor dem Training **ausreichend gegessen** und **genügend getrunken** haben. Achten Sie darauf, vor allem an Trainingstagen die empfohlene Menge von 2,5 Litern

Wasser zu sich zu nehmen. Abhängig von Ihrem Körpergewicht und Ihrer Größe könnten Sie auch mehr benötigen. Ab einer Trainingseinheit von über 45 Minuten empfiehlt es sich auch, während des Trainings Trinkpausen einzulegen. Essen sollten sie weiterhin etwa zwei bis drei Stunden vor der geplanten Trainingseinheit, vorzugsweise ist dabei eine Mahlzeit, die aus Kohlenhydraten, Fetten und Proteinen besteht.

Sollten Sie aufgrund Ihres Tagesablaufs diese Zeit nicht einhalten können, bedeutet das allerdings nicht, dass Sie auf eine Mahlzeit verzichten müssen. Dann sollten Sie allerdings beachten, dass eine Mahlzeit umso kleiner sein sollte, je kürzer der zeitliche Abstand zum Training ist. Liegt zwischen Mahlzeit und Work-out weniger als eine Stunde Zeit, ist es empfehlenswert, etwas leicht Verdauliches zu sich zu nehmen. Das bedeutet viele Kohlenhydrate, etwas Protein und wenige bis gar keine Fette. So vermeiden Sie Bauchschmerzen und Verdauungsprobleme während des Trainings.

Schließlich sollten Sie sich **aufwärmen**. Nach mehreren Stunden Schlaf, Lernen am Schreibtisch oder Büroarbeit befindet sich der Körper im Ruhemodus. Unmittelbar im Anschluss daran kann der Versuch, beim Training direkt Vollgas zu geben, Körper und Muskeln schnell überfordern. Sie sollten deshalb vor jeder Trainingseinheit Ihren Organismus und Ihre Muskeln mit einem kurzen Warm-up auf die bevorstehende Belastung vorbereiten.

Effektiv sind dabei für die Sportart spezifisch ausgewählte Übungen, die dafür sorgen, dass speziell die beanspruchten Muskelgruppen aufgewärmt werden. Beim Laufen sind das vor allem Beine, Hüften und Schultern. Im Folgenden möchte ich Ihnen einige geeignete Warm-up-Übungen für Läufer vorschlagen.

AUFWÄRMÜBUNGEN FÜR LÄUFER

Rumpfbeuge: Diese Übung wirkt sich mittels Rumpfrotation und maximaler Hüftbeugung positiv auf eine günstige Kraftübertragung aus. Richten Sie sich dafür mit gespreizten Beinen und parallel nach vorn zeigenden Fußspitzen auf. Die Knie sind dabei durchgedrückt und der Rücken gerade. Mit dem Ausatmen greift nun Ihre rechte Hand zunächst zum linken Fuß. Halten Sie die Position für einige Atemzüge, begeben Sie sich dann zurück zur Ausgangsposition und wechseln Sie anschließend die Seite. Wiederholen Sie diese Übung links und rechts etwa zehn bis zwölfmal.

Beinschwünge: Für diese Übung ist zunächst ein aufrechter Stand erforderlich. Nun schwingen Sie Ihr linkes Bein bis auf Hüfthöhe vor sich nach oben. Gleichzeitig heben Sie dabei den rechten Arm, als wollten Sie Ihren ausgestreckten Fuß berühren. Sowohl das schwingende Bein als auch der gegenläufige Arm sollten während der gesamten Übung gestreckt bleiben. Wechselns Sie nach etwa zehn bis zwölf Wiederholungen die Seite. Mit diesen Beinschwüngen verbessern Sie die Beugung Ihrer Hüftgelenke und können damit Ihre Schrittfrequenz erhöhen und Ihr Lauftempo verbessern.

Lunges: Begeben Sie sich dafür mit dem linken Bein vorwärts in einen tiefen Ausfallschritt. Das Schienbein des rechten hinteren Beins sollte dabei waagerecht zum Boden sein, das Knie sollte den Boden jedoch nicht berühren. Anschließend stoßen Sie sich kräftig ab und wechseln im Sprung die Position, sodass sich nun das rechte Bein vor dem linken befindet. Ein Wechsel entspricht dabei einer Wiederholung, absolvieren Sie nun drei Sätze mit je zehn bis fünfzehn Wiederholungen. Diese Übung wird Ihre Hüftstreckung stärken und Ihnen damit zu einer aufrechten Körperhaltung beim Laufen verhelfen.

Armkreisel: Während des Laufens werden Sie

zum Pendeln Ihrer Arme auch die Schultergelenke benötigen. Diese sollten deshalb ebenfalls kurz aufgewärmt werden. Zeichnen Sie dafür mit Ihrem linken ausgestreckten Arm den größtmöglichen Kreis um Ihr Schultergelenk. Pro Arm sollten Sie fünf bis sechs Kreise sowohl vorwärts als auch rückwärts ausführen, um dann mit einem entspannten Oberkörper in Ihr Training starten zu können.

Beinheber: Atmen Sie dafür tief ein und strecken Sie dann Ihre Arme über dem Kopf aus, während Sie das linke Bein anheben, bis Ihr Oberschenkel eine Parallele zum Boden bildet. Halten Sie diese Position für einige Atemzüge und wechseln Sie anschließend zum rechten Bein. Beinheber mobilisieren Ihre Hüftgelenke und sorgen so für einen guten Start in den Lauf.

TRAININGSPLAN

Sicher haben Sie sich inzwischen bereits einige konkrete Ziele gesetzt. Diese gilt es nun mit einem geeigneten Trainingsplan in Angriff zu nehmen. Sie sollten sich dafür einen Plan konzipieren, der das Erreichen Ihres konkreten ersten Ziels ansteuert. Gerade zu Beginn des Trainings kann darin allerdings eine Herausforderung liegen. In Abhängigkeit von Ihrem

Trainingsziel möchte ich Ihnen deshalb für die ersten vier Wochen einen der von mir erstellten Trainingspläne vorschlagen. Bei Bedarf können Sie diese selbstverständlich auch anpassen, ergänzen oder kombinieren.

Vorbereitung

Wenn Sie allerdings schon seit längerer Zeit nicht mehr sportlich aktiv waren, sollten Sie sich und Ihren Körper zunächst mit dem folgenden zweiwöchigen Einsteigerplan auf die kommenden sportlichen Herausforderungen vorbereiten. Dass Sie dabei noch nicht Laufen werden, sollte Sie nicht entmutigen. Auch Gehen in einem langsameren Tempo hat bereits einen Trainingseffekt auf Ihren Körper und wird Ihre Kondition verbessern. So können Sie außerdem Ihre Muskeln, Gelenke und Knochen langsam an die Belastung durch das folgende Lauftraining heranführen.

Woche 1

Montag: Für den ersten Tag Ihres Einsteigertrainings sollten Sie sich etwa eine halbe Stunde Zeit nehmen. Vorbereitend sollten Sie sich mit einem dem Wetter angemessenen Trainingsoutfit ausrüsten, so können Sie Ihre Füße auch langsam an Ihre neuen Laufschuhe gewöhnen. Außerdem machen

Sie so auch Ihr Unterbewusstsein mit dem Gedanken vertraut, nun sportlich aktiv zu werden. Sinnvoll wäre es außerdem, wenn Sie sich mit einer Uhr ausrüsten. Ihr heutiges Training besteht aus einer 30-minütigen Geheinheit. Das bedeutet, Sie überlegen sich eine Route für eine kürzere Strecke und gehen diese dann in einem zügigen, aber angenehmen Tempo. Nach jeweils zehn Minuten können Sie eine kurze Pause von circa ein bis zwei Minuten einlegen.

Mittwoch: Heute erwartet Sie ebenfalls eine Einheit, für die Sie etwa eine halbe Stunde Zeit benötigen werden. Streckentechnisch sollte Ihre geplante Route eine vergleichbare Länge zur letzten haben. Heute gehen Sie stattdessen aber 15 Minuten am Stück in zügigem Tempo. Absolvieren Sie nach einer kurzen Pause eine weitere Einheit über 15 Minuten. Mit der geeigneten Sportbekleidung kann es direkt losgehen.

Freitag: Auch für diesen Teil des Einsteigertrainings sollten Sie sich etwa 30 Minuten Zeit nehmen. Heute werden Sie die gesamte Strecke am Stück in einem zügigen Tempo gehen, das Wochenende und eine Pause haben Sie sich anschließend verdient. Mit dieser Einheit haben Sie die erste Woche Ihrer zweiwöchigen Eingewöhnungsphase nun erfolgreich beendet.

Woche 2

Montag: Nach einer zweitägigen Erholungspause sind Sie nun ausgeruht und bereit für die nächste Trainingseinheit. Heute stehen nochmals zwei 15-minütige Geheinheiten mit einer kurzen Pause auf dem Programm, sodass Sie etwa eine halbe Stunde Zeit einplanen sollten. Werfen Sie sich also in Ihr Trainingsoutfit und legen Sie direkt los!

Mittwoch: Ihr heutiges Work-out wird etwa 40 Minuten Zeit in Anspruch nehmen. Dabei absolvieren Sie zwei Geheinheiten über eine Dauer von jeweils 20 Minuten. Diese werden von einer kurzen Pause unterbrochen. Versuchen Sie heute, Ihr Gehtempo etwas zu steigern.

Freitag: In der letzten Einheit des Einsteigertrainings wartet eine 45 Minuten lange Geheinheit auf Sie, zeitlich werden Sie dafür also etwa eine dreiviertel Stunde benötigen. Diese wird ohne Pause absolviert. Herzlichen Glückwunsch! Sie haben nun erfolgreich das Einsteigertraining hinter sich gebracht und können die nächste Woche beispielsweise mit einem der folgenden Trainingspläne beginnen.

TRAININGSPLAN FÜR EINE BESSERE AUSDAUER

Dieser erste Trainingsplan ist bestens für Sie geeignet, wenn Sie es sich zum Ziel gesetzt haben, an Ihrer Ausdauer zu arbeiten. Mit einer verbesserten Ausdauer werden Sie zukünftig dazu in der Lage sein, weitere Strecken am Stück zu laufen und die Distanz Ihrer Läufe zu erhöhen.

Als Anfänger sollten Sie zu Beginn des Trainings trotzdem zunächst nur kürzere Strecken am Stück laufen und die Distanzen langsam steigern. Um im Bereich Ausdauer Erfolge erzielen zu können, wird weiterhin ein hohes Maß an Konsequenz erforderlich sein. Sie sollten sich deshalb kontinuierlich an den Trainingsplan halten. Dieser umfasst pro Woche jeweils drei Trainingseinheiten, für die Sie etwa 20 bis 30 Minuten Zeit benötigen werden. Außerdem sollten Sie mit einer (Stopp-) Uhr ausgerüstet sein. Bei der letzten Einheit der Woche handelt es sich jeweils um einen Dauerlauf. So werden Sie nach einem Monat bereits dazu in der Lage sein, mindestens 25 Minuten am Stück zu laufen.

Woche 1
Montag: Vor den einzelnen Trainingseinheiten sollten Sie sich grundsätzlich zunächst einige Minuten

lang aufwärmen. Dafür können Sie zum Beispiel auf die hier vorgeschlagenen Warm-up-Übungen zurückgreifen. Die heutige Trainingseinheit besteht aus einem Pyramidentraining, welches Sie langsam ans Laufen gewöhnen soll. Dabei geht es wie bei einer Pyramide erst rauf und dann wieder runter. Die zu laufende Distanz steigt also zunächst an und sinkt dann wieder ab. Messen werden Sie die einzelnen Einheiten in diesem Fall allerdings zeitlich.

Einheit 1: Eine Minute Laufen in angenehmem Tempo, dann drei Minuten Gehen in zügigem Tempo.

Einheit 2: Zwei Minuten Laufen in angenehmem Tempo, dann zwei Minuten Gehen in zügigem Tempo.

Einheit 3: Drei Minuten Laufen in angenehmem Tempo, dann eine Minute Gehen in zügigem Tempo.

Einheit 4: Zwei Minuten Laufen in angenehmem Tempo, dann zwei Minuten Gehen in zügigem Tempo.

Einheit 5: Eine Minute Laufen in angenehmem Tempo, dann drei Minuten Gehen in zügigem Tempo.

Bei den Laufeinheiten gilt, dass Sie sich innerhalb einer angemessenen Geschwindigkeit befinden, wenn Sie sich während des Trainings normal unterhalten könnten. Anschließend können Sie optional Ihr Work-out mit einem kurzen Stretching beenden. Inspiration dafür bieten Ihnen bei Bedarf die Vorschläge für geeignete Dehnungsübungen.

Mittwoch: Als zweite Trainingseinheit erwartet Sie heute ein Intervalltraining. Das bedeutet, dass abwechselnd eine Belastungs- und eine Erholungsphase absolviert wird. Beginnen Sie dafür zunächst wieder mit einer kurzen Aufwärmeinheit. Eine Trainingseinheit besteht heute aus den folgenden Komponenten:

Drei Minuten Laufen in angenehmem Tempo, dann zwei Minuten gehen in zügigem Tempo.

Wiederholen Sie diese Einheit insgesamt viermal, anschließend können Sie bei Bedarf das Training mit einer kurzen Dehnungseinheit abschließen.

Freitag: Heute erwartet Sie ein zwölfminütiger Dauerlauf. Wärmen Sie sich zunächst auf und beginnen Sie Ihren Lauf dann in einem langsamen Tempo. Die Geschwindigkeit können Sie bei Bedarf zum Ende steigern. Optional können Sie als Cool-Down anschließend weitere zehn Minuten in zügigem Tempo gehen. Die erste Woche Ihres Trainingsplans haben Sie nun geschafft.

Woche 2

Montag: Auch diese Woche beinhaltet der Montag wieder ein Pyramidentraining für Sie. Absolvieren Sie dafür nach dem Warm-up die folgenden Einheiten:

Einheit 1: Zwei Minuten Laufen in angenehmem Tempo, dann drei Minuten Gehen in zügigem Tempo.

Einheit 2: Drei Minuten Laufen in angenehmem Tempo, dann zwei Minuten Gehen in zügigem Tempo.

Einheit 3: Fünf Minuten Laufen in angenehmem Tempo, dann eine Minute Gehen in zügigem Tempo.

Einheit 4: Drei Minuten Laufen in angenehmem Tempo, dann eine Minute Gehen in zügigem Tempo.

Einheit 5: Zwei Minuten Laufen in angenehmem Tempo, dann drei Minuten Gehen in zügigem Tempo.

Mittwoch: Nachdem Sie sich aufgewärmt haben, werden Sie nun erneut ein Intervalltraining absolvieren. Eine Intervalleinheit setzt sich heute aus den folgenden Bestandteilen zusammen:

Fünf Minuten Laufen in angenehmem Tempo, dann drei Minuten Gehen in zügigem Tempo.

Wiederholen Sie diese Einheit insgesamt dreimal.

Freitag: Heute steht ein Dauerlauf über 15 Minuten auf dem Plan. Vergessen Sie Ihr Warm-up nicht und legen Sie los. Achten Sie auch dieses Mal darauf, den Lauf langsam zu beginnen, so vermeiden Sie, dass Ihnen gegen Ende Ihrer Strecke die Puste ausgeht.

Woche 3

Montag: Die heutige Trainingseinheit setzt sich aus einer Kombination aus Dauerlauf und Intervalltraining zusammen. Laufen Sie nach dem Aufwärmen dafür zunächst zehn Minuten in einem angenehmen Tempo und gehen Sie anschließend für zwei Minuten in zügigem Tempo. Absolvieren Sie danach drei Wiederholungen der folgenden Übung:

Zwei Minuten Laufen, dann zwei Minuten in zügigem Tempo Gehen.

Abschließend können Sie das Training mit einigen Stretchingübungen beenden.

Mittwoch: Ein Pyramidentraining mit den

folgenden Einheiten wartet heute darauf, von Ihnen gemeistert zu werden. Insgesamt sollten Sie sich dafür etwa 30 Minuten Zeit nehmen. Vergessen Sie das Warm-up nicht und starten Sie direkt.

Einheit 1: Zwei Minuten Laufen in angenehmem Tempo, dann eine Minute Gehen in zügigem Tempo.

Einheit 2: Fünf Minuten Laufen in angenehmem Tempo, dann zwei Minuten Gehen in zügigem Tempo.

Einheit 3: Sechs Minuten Laufen in angenehmem Tempo, dann drei Minuten Gehen in zügigem Tempo.

Einheit 4: Fünf Minuten Laufen in angenehmem Tempo, dann zwei Minuten Gehen in zügigem Tempo.

Einheit 5: Zwei Minuten Laufen in angenehmem Tempo, dann eine Minute Gehen in zügigem Tempo.

Freitag: Heute steht ein 20-minütiger Dauerlauf auf dem Plan. Beginnen Sie nach dem Aufwärmen in einem gemächlichen Tempo und werden Sie dann bei Bedarf schneller.

Woche 4

Montag: Heute beginnt bereits die letzte Woche Ihres Trainingsplans mit einem Intervalltraining. Absolvieren Sie nach einigen Übungen zum Aufwärmen drei Wiederholungen der folgenden Übung:

Sechs Minuten Laufen in angenehmem Tempo, dann zwei Minuten Gehen in zügigem Tempo.

Mittwoch: Im Rahmen dieser Trainingseinheit erwartet Sie eine Kombination aus Dauerlauf und Pyramidentraining. Starten Sie nach Ihrem Warm-up mit einem 15-minütigen Lauf und einer anschließenden zweiminütigen Gehpause. Es folgt das Pyramidentraining.

Einheit 1: Drei Minuten Laufen in angenehmem Tempo, dann eine Minute Gehen in zügigem Tempo.

Einheit 2: Vier Minuten Laufen in angenehmem Tempo, dann eine Minute Gehen in zügigem Tempo.

Einheit 3: Drei Minuten Laufen in angenehmem Tempo, dann eine Minute Gehen in zügigem Tempo.

Abschließen können Sie das heutige Training mit einer kleinen Stretchingeinheit.

Freitag: Das letzte Dauerlauftraining dieses Trainingsplans umfasst eine Laufdauer von 25

Minuten. Wärmen Sie sich dafür zunächst gründlich auf. Wenn Ihnen der Sinn nach einer zusätzlichen Herausforderung steht, laufen Sie heute, solange Sie können. Hören Sie dabei aber stets auf Ihren Körper, um sich nicht zu überfordern.

Herzlichen Glückwunsch! Sie haben Ihren ersten Trainingsplan nun erfolgreich gemeistert und können stolz auf Ihre Leistung sein.

TRAININGSPLAN FÜR KRAFT UND GESCHWINDIGKEIT

Der folgende Trainingsplan setzt einen besonderen Fokus auf die Optimierung Ihrer Kraft und Geschwindigkeit. Haben Sie es sich also zum Ziel gemacht, eine bestimmte Strecke unter einer bestimmten Zeit laufen zu können, ist dieser Plan besser für Sie geeignet. Auch hier gilt grundsätzlich, dass Sie jede Einheit stets mit einem Warm-up beginnen sollten.

Woche 1
Montag: Auch die erste Trainingseinheit dieses Trainingsplans besteht aus einem Pyramidentraining, gesteigert wird dabei aber Ihr Lauftempo. Wärmen Sie sich zunächst mit einigen Warm-up-

Übungen auf.

Einheit 1: Zwei Minuten Laufen in angenehmem Tempo, dann drei Minuten Gehen in zügigem Tempo.

Einheit 2: Zwei Minuten Laufen in schnellerem Tempo, dann drei Minuten Gehen in zügigem Tempo.

Einheit 3: Zwei Minuten Laufen in zügigem Tempo, dann drei Minuten Gehen in zügigem Tempo.

Einheit 4: Zwei Minuten Laufen in schnellerem Tempo, dann drei Minuten Gehen in zügigem Tempo.

Einheit 5: Zwei Minuten Laufen in angenehmem Tempo, dann drei Minuten Gehen in zügigem Tempo.

Mittwoch: Das heutige Training besteht aus einer Reihe von Laufübungen, die dem Lauf-ABC angehören. Diese oft auch als Laufschule bezeichnete Sammlung von Übungen dient dazu, Ihre Lauftechnik zu verbessern und so für ein ökonomischeres, schnelleres und sichereres Laufverhalten zu sorgen. Sie sollten sich dafür eine ebene Fläche suchen, die etwa eine Länge von 30 Metern aufweist. Wiederholen Sie auf der gesamten Strecke jede Übung zweimal, den Rückweg gehen Sie dabei jeweils in einem entspannten Tempo.

Übung 1: **Skipping** – beim Skipping heben Sie bei jedem Schritt Ihre Knie mindestens so weit an, dass Ihre Oberschenkel eine Waagerechte zum Boden bilden. Versuchen Sie dabei, eine möglichst hohe Schrittfrequenz zu erreichen.

Übung 2: **Anfersen** – bei dieser Übung bringen Sie bei jedem Schritt Ihre Fersen ans Gesäß. Optional können Sie sich dabei zur Kontrolle beide Hände auf den unteren Rücken legen.

Übung 3: **Seitliches Überkreuzen** – laufen Sie dazu seitlich und überkreuzen abwechselnd ein Bein vor und ein Bein hinter dem anderen. Beide Beine sollten je zweimal vorne beziehungsweise hinten sein. Insgesamt absolvieren Sie diese Übung also viermal.

Übung 4: **Rückwärtslaufen** – achten Sie dabei darauf, dass sich keine Hindernisse oder entgegenkommende Personen auf Ihrer Strecke befinden.

Übung 5: **Hopserlauf** – Diese Übung ist Ihnen sicher aus Ihren Kindheitstagen bekannt. Neben einer Erinnerung an die Grundschulzeit bietet Ihnen der Hopserlauf allerdings ein nützliches Training der

Körperstreckung und stärkt Ihren Fußabdruck vom Boden.

Ein abschließendes Stretching tut Ihnen nach diesem Work-out sicher gut und hilft vielleicht sogar dabei, eventuellem Muskelkater vorzubeugen.

Freitag: Im Rahmen der Freitagseinheit können Sie jede Woche Ihren Fortschritt dokumentieren. Überlegen Sie sich dazu Ihre persönliche Kontrollroute, also eine kleinere Route von 2 bis 3 Kilometern Länge (im Gehen sollten Sie für die Strecke etwa 30 Minuten Zeit benötigen). Nach dem Aufwärmen laufen Sie diese Route dann im Dauerlauf ab und stoppen dabei die Zeit, die Sie vom Start bis zum Ziel brauchen. Starten Sie in einem gemächlichen Tempo und steigern Sie sich langsam. Lassen Sie sich nicht entmutigen, wenn Sie die letzten Meter gehen müssen.

Woche 2

Montag: Die zweite Woche beginnen Sie mit einer 25-minütigen Einheit. Dabei variieren Sie während dieser Zeit frei zwischen verschiedenen Geschwindigkeiten. Wechseln Sie Ihre Gangart alle zwei bis drei Minuten zwischen schnell, angenehm, langsam oder zügig. Legen Sie regelmäßige Gehpausen ein, wenn Sie es benötigen. Vergessen Sie nicht, sich vorher warmzumachen.

Mittwoch: Starten Sie nach einem kurzen Warm-up mit einem zwölfminütigen Dauerlauf in einem angenehmen Tempo. Anschließend folgen drei Sprints über eine Distanz von 30 Metern. Suchen Sie sich dafür wieder eine ebene Fläche. Zweck des Sprints ist dabei, geschwindigkeitstechnisch an Ihre **eigenen** Grenzen zu kommen. Schämen Sie sich nicht dafür, langsamer zu sein, als Sie es von Wettkampfsprintern kennen. Orientieren Sie sich ganz an Ihrem Körper und nicht an einem olympischen Rekord.

Freitag: Laufen Sie nach dem Aufwärmen Ihre komplette Kontrollroute und versuchen Sie dabei, Ihre Zeit vom letzten Mal um zehn Prozent zu verbessern.

Woche 3

Montag: Beginnen Sie nach dem Warm-up mit folgendem Pyramidentraining:

Einheit 1: Fünf Minuten Laufen in angenehmem Tempo, dann eine Minute Gehen in zügigem Tempo.

Einheit 2: Drei Minuten Laufen in schnellerem Tempo, dann zwei Minuten Gehen in zügigem Tempo.

Einheit 3: Zwei Minuten Laufen in zügigem Tempo, dann drei Minuten Gehen in zügigem Tempo.

Einheit 4: Drei Minuten Laufen in schnellerem Tempo, dann zwei Minuten Gehen in zügigem Tempo.

Einheit 5: Fünf Minuten Laufen in angenehmem Tempo, dann eine Minute Gehen in zügigem Tempo.

Mittwoch: Auch heute besteht Ihre Trainingseinheit aus einigen Lauf-ABC-Übungen. Sie benötigen dafür wie beim letzten Mal eine ebene Fläche mit etwa 30 Metern Länge. Wiederholen Sie jede Übung dreimal und gehen Sie den jeweiligen Rückweg in entspanntem Tempo.

Übung 1: **Anfersen**
Übung 2: **Rückwärtslaufen**
Übung 3: **Sprint**
Übung 4: **Hopserlauf**
Übung 5: **Skipping**

Freitag: Nach dem Aufwärmen erwartet Sie heute wieder Ihre Kontrollroute. Versuchen Sie auch in dieser Trainingseinheit, Ihre Zeit vom letzten Mal um zehn Prozent zu verbessern.

Woche 4

Montag: Wärmen Sie sich zunächst auf und starten Sie diese letzte Woche des Trainingsplans dann mit einer 30-minütigen Einheit. Variieren Sie während dieser halben Stunde wieder zwischen verschiedenen Geschwindigkeiten. Wechseln Sie Ihre Gangart alle zwei bis drei Minuten und legen Sie regelmäßige Gehpausen ein, wenn Sie es benötigen.

Mittwoch: Nach einem Warm-up starten Sie Ihr heutiges Lauftraining mit einem 18-minütigen Dauerlauf in einem angenehmen Tempo. Anschließend folgen drei Steigerungsläufe über eine Distanz von 80 bis 100 Metern. Bei einem Steigerungslauf starten Sie langsam aus dem Stand und werden dann zum Ende der Distanz hin immer schneller, bis Sie fast Ihr maximales Tempo erreicht haben. Eine ebene Fläche eignet sich auch hier am besten.

Beenden Sie Ihre Trainingseinheit optional mit einem Stretching.

Freitag: Anschließend an einige Aufwärmübungen werden Sie heute das letzte Mal im Rahmen dieses Trainingsplans Ihre Kontrollroute ablaufen. Versuchen Sie auch heute wieder, Ihre Zeit vom letzten Mal um zehn Prozent zu verbessern.

Herzlichen Glückwunsch, nun haben Sie diesen Trainingsplan erfolgreich gemeistert und können stolz auf sich sein. Weiter so!

Nach dem Training

Nicht nur das Verhalten vor oder während des Trainings beeinflusst Ihre Leistung. Auch nach dem Training können und sollten Sie einige Aspekte beachten, die sich auf Ihren Fortschritt auswirken.

STRETCHING

Die positiven und negativen Effekte des Stretchings werden immer wieder mittels sportwissenschaftlicher Studien sorgfältig untersucht und entsprechend gehen die Meinungen der Experten zu diesem Thema auseinander. Teilweise wird empfohlen, die Stretchingeinheit unbedingt vor dem Training zu absolvieren, in anderen Fällen schwören Sportwissenschaftler auf das Dehnen nach dem Sport und schließlich wird vereinzelt auch ganz davon abgeraten. Unter dem Stretching versteht man bestimmte Dehnungsübungen, die sich positiv auf die Beweglichkeit auswirken, Verletzungen vorbeugen und sogar Muskelkater lindern sollen.

Wenn auch Sie von diesen positiven Auswirkungen profitieren möchten, sollten Sie sich allerdings zunächst mit einigen Grundprinzipien vertraut machen. Denn darüber, dass Dehnübungen nicht immer sinnvoll sind, sind sich zahlreiche Experten inzwischen einig.

Das passiert beim Dehnen

Jeder Muskel Ihres Körpers verfügt über sogenannte Muskelspindeln. Das sind die Enden, also Ansatz und Ursprung Ihrer Muskeln. Beim Anspannen der Muskulatur bewegen sich diese Muskelspindeln durch die Kontraktion aufeinander zu. Stretching bewirkt genau den gegenteiligen Effekt.

Beide Muskelenden entfernen sich so weit wie möglich voneinander und die Muskelstruktur wird so für eine kurze Zeit verlängert. So können Sie unter anderem Spannungen und Schmerzen reduzieren, Ihre Sehnen und Bänder stärken oder die Beweglichkeit Ihrer Gelenke trainieren.

Nach besonders intensiven Trainingseinheiten ist allerdings Vorsicht geboten. Bei starkem Muskelkater oder Zerrungen kann Stretching nämlich sogar schädlich sein. Auch ausgiebigen Stretchingeinheiten vor dem Training konnte kein positiver Effekt nachgewiesen werden. Nach einer Studie der Universität Jena soll dies sogar zu einem erhöhten Verletzungsrisiko führen. Wenn Sie sich also Dehnen möchten, sollten Ihre Muskeln jedenfalls zumindest aufgewärmt sein.

Verschiedene Arten des Stretchings

Auch beim Stretching gibt es verschiedene Ansätze. Zwei anfängertaugliche Arten des Dehnens, die sich auch hervorragend für Läufer eignen, möchte ich Ihnen deshalb im Folgenden genauer vorstellen.

Das **statische Stretching** beinhaltet Dehnungsübungen, die jeweils für mindestens 20 Sekunden gehalten werden und die entsprechenden Muskelgruppen während dieses Zeitraums in die Länge ziehen. Vor dem Training sollten Sie sich keinesfalls ausgiebig statisch Dehnen, denn statisches Stretching hat eine kurzzeitige Verringerung des Muskeltonus zur Folge. Die Kontraktion der Muskeln ist dann nicht mehr in der üblichen Geschwindigkeit und Intensität möglich. Das führt zu einem erhöhten Verletzungsrisiko. Auch bei starkem Muskelkater

oder nach einer besonders intensiven Trainingseinheit sollten Sie von einem statischen Stretching in jedem Fall absehen und sich auf diese Art nur nach einer durchschnittlich anstrengenden Trainingseinheit und gut aufgewärmt dehnen. Besonders nach einem Dauerlauf ist eine statische Stretchingeinheit zu
empfehlen.

Dynamisches Stretching beinhaltet sanfte und
federnde Bewegungen, die bis zu 15-mal wiederholt
werden. Der fließende Bewegungsablauf ermöglicht
ein schonendes, aber kontinuierliches Lang-Ziehen
der Muskeln, die im Anschluss direkt wieder gelo-
ckert werden. Dynamische Stretchingeinheiten eignen sich aufgrund ihrer sanften Dehnung auch als
Teil des Warm-ups oder etwa nach einem Lauftraining mit vielen Sprints.

Im Allgemeinen ist das Dehnen also nicht als
Pflichtteil Ihres Work-outs zu betrachten, von regelmäßigen Stretchingeinheiten können Sie aber
durchaus profitieren.

Die folgenden Regeln sollten Sie beim Stretchen
allerdings zwingend beachten:

1. Statisches Stretching nur nach dem Training oder
in einem gut aufgewärmten Zustand, dynamisches
Training als Teil des Warm-ups oder nach dem

Sprinten.

2. Kein Stretching nach intensivsten Belastungen, bei starkem Muskelkater, Zerrungen oder anderen Verletzungen.

3. Statische Dehnungsübungen niemals dynamisch ausführen.

4. Atmen Sie während des Dehnens gleichmäßig weiter, erst wenn das erste Spannungsgefühl nachlässt, können Sie die Dehnung intensivieren.

5. Dehnen Sie sich auf einer rutschfesten Unterlage.

6. Führen Sie die Dehnungsbewegungen langsam aus und versuchen Sie, sich möglichst sanft in die Stretchingposition zu begeben.

7. Haben Sie Geduld mit Ihrem Körper, es wird einige Zeit in Anspruch nehmen, Ihre Beweglichkeit zu verbessern.

8. Achten Sie auf Ihren Körper und respektieren Sie Ihre Grenzen, der Dehnschmerz muss erträglich bleiben. Sie sollten während des Stretchings stets normal weiteratmen können, sobald Sie also eine flachere oder schnellere Atmung bei sich bemerkten, sollten Sie die Dehnung sofort lösen.

Statische Dehnungsübungen

Diese folgenden statischen Dehnungsübungen eignen sich besonders für Läufer, die Positionen werden dabei für jeweils 20 bis 30 Sekunden gehalten.

Gesäßmuskeldehnung – Stellen Sie sich für diese Übung zunächst aufrecht hin. Winkeln Sie nun Ihr rechtes Bein so an, dass Ihr Knie dabei nach außen zeigt und legen dann Ihren linken Fuß auf dessen Oberschenkel. Um eine sanfte Dehnung auf die Gesäßmuskulatur ausüben zu können, beugen Sie sich anschließend nach vorne. Wechseln Sie dann die Seite.

Wadendehnung – Stützen Sie sich für diese Übung aus einem weiten Ausfallschritt frontal an einer Wand ab. Ihre Füße zeigen dabei beide nach vorne, Ihr Körpergewicht wird auf das vordere Bein verlagert. Nun drücken Sie die Ferse Ihres hinteren Beins auf den Boden und strecken dabei das Knie so weit durch, bis sich eine Dehnung im Wadenmuskel bemerkbar macht. Wechselns Sie anschließend das Bein.

Vordere Oberschenkeldehnung – Für diese Übung ist ein aufrechter Stand erforderlich. Winkeln Sie nun Ihr rechtes Bein nach hinten in Richtung Po ab und umfassen Sie dabei mit der rechten Hand Ihren Knöchel. So können Sie Ihr Bein noch näher an Ihr Gesäß bringen und die Dehnung intensivieren. Achten Sie darauf, nicht Ihren Fuß, sondern Ihr Sprunggelenk zu umfassen und wiederholen Sie die Übung dann mit dem linken Bein.

Hüftbeugerdehnung – Setzten Sie in einer aufrechten Position mit einem großen Schritt das linke Bein vor dem rechten ab. Das vordere Bein sollte nun in einem rechten Winkel stehen, der linke Fuß befindet sich dabei komplett auf dem Boden. Der rechte Fuß liegt flach auf dem Boden, die Zehenspitzen zeigen nach hinten und Ihr hinteres Knie berührt, wenn möglich, den Boden. Das vordere Bein kann nun behutsam nach vorne Bewegt werden, sodass Sie eine leichte Dehnung im hinteren, rechten Hüftbeuger verspüren. Anschließend ist die andere Seite an der Reihe.

Beinrückseitendehnung – Setzen Sie dazu einen Fuß überkreuzt neben den anderen, Ihre Beine sind durchgestreckt. Beugen Sie sich nun mit möglichst geradem Rücken und nach unten gestreckten Armen mit Ihrem Oberkörper in Richtung Boden. Optional können Sie für eine zusätzliche Dehnung mit Ihren Fingern die Zehenspitzen umfassen. Wiederholen Sie die Übung dann mit gewechselten Füßen.

Dynamische Dehnungsübungen

Die unten aufgelisteten dynamischen Übungen sollten jeweils etwa 10- bis 15-mal wiederholt werden.

Katze und Kuh – Begeben Sie sich für diese Übung in den Vierfüßlerstand. Die Schultern befinden sich dabei genau über den Handgelenken, die Arme sind gestreckt und die Knie exakt unter den Hüftgelenken. Mit dem Einatmen lassen Sie nun den Bauch in Richtung Boden sinken, ziehen Ihre Schultern zurück und drehen Ihr Becken nach vorne. Beim Ausatmen pressen Sie dann Knie und Hände auf den Boden, bewegen Ihr Kinn zur Brust und machen Ihren Rücken rund. Die Bewegungen werden dabei der Atmung angepasst ausgeführt.

Ausfallschritte I – Halten Sie dafür den Oberkörper aufrecht und begeben Sie sich dann in eine Ausfallschrittposition. Gehen Sie nach einem kurzen Moment in den nächsten Ausfallschritt. Sie sollten dabei gerade nach vorne schauen. Falls nötig, können Sie die Bewegungen mit den Armen ausbalancieren.

Seitliche Aufdrehung – Auch diese Übung findet im Vierfüßlerstand statt. Bringen Sie dafür die Finger des rechten gebeugten Arms zum rechten Ohr und drehen dabei den Oberkörper zur rechten Seite nach außen auf. Ihr rechter Ellenbogen sollte dabei in Richtung Decke zeigen. Kommen Sie dann mit dem nächsten Ausatmen in die Ausgangsposition zurück. Wechseln Sie nach einigen Wiederholungen zur anderen Seite.

Beinschwünge – Stellen Sie sich zunächst auf

Ihr rechtes Bein. Schwingen Sie nun das linke Bein dynamisch nach vorne und hinten. Bleiben Sie dabei im Oberkörper aufrecht und schwingen Sie die Arme in entgegengesetzter Richtung mit. Wechseln Sie anschließend Ihr Standbein.

Ausfallschritte II – Bei dieser Übung handelt es sich um eine Variation der Ausfallschritte. Bei jedem Ausfallschritt beugen Sie sich nun aber mit Ihrem Oberkörper über das vordere Bein. Befindet sich Ihr linkes Bein vorne, bewegen Sie den linken Ellenbogen zur Innenseite des linken Fußgelenks, anschließend verfahren Sie mit der rechten Seite entsprechend.

ERNÄHRUNG

Auch nach dem Training sollten Sie darauf achten, Ihre Essensgewohnheiten den Bedürfnissen eines Läufers anzupassen. Dazu gehört zunächst, dass Sie unabhängig vom Zeitpunkt der Trainingseinheit über den Tag verteilt genügend Flüssigkeit – am besten Wasser – zu sich nehmen.

Als Ausdauersportler sollten Sie sich verstärkt auf kohlenhydrathaltige Lebensmittel konzentrieren. Denn daraus gewinnt Ihr Körper die nötige Energie für die Muskelbelastung beim Lauftraining.

Besonders effizient sind dabei komplexe Kohlenhydrate, die nebenbei auch lange satt halten. Dies sind
beispielsweise grünes Blattgemüse, Vollkornpro-
dukte, Hülsenfrüchte, Hafer- oder Hirseflocken, Bee-
ren, Äpfel oder Kohlgemüse.

Checkliste

Zur Vorbereitung auf Ihre erste Trainingseinheit habe ich Ihnen abschließend eine Checkliste vorbereitet.

1. Ich habe mich darüber informiert, was Lauftraining bedeutet, und weiß, wie ich trainieren sollte, um mich nicht zu verletzen.
2. Ich fühle mich gesund und ausgeruht.
3. Ich habe keine Sportverletzungen und keinen starken Muskelkater.
4. Ich habe ausreichend Wasser getrunken und nicht direkt vor dem Training gegessen.
5. Mein Outfit besteht aus geeigneter Funktionswäsche und ich trage Laufschuhe.
6. Ich bin aufgewärmt.

Sie konnten alle Punkte der Liste abhaken? Dann kann es jetzt losgehen. Ich wünsche Ihnen viel Spaß und Erfolg bei Ihrem Lauftraining!

Herstellung und Verlag:

BoD – Books on Demand, Norderstedt

ISBN: 9783753420738

© Oliver Bley 2021

1. Auflage

Kontakt: Psiana eCom UG/ Berumer Str. 44/ 26844 Jemgum

Covergestaltung: Fenna Larsson

Coverfoto: depositphotos.com